2, Le Gué - 35380 Plélan-le-Grand - France
Publié pour la première fois au Royaume-Uni en 2022
par Hungry Tomato Ltd
sous le titre original « Seasons »

Traduction et adaptation française : Charlie Meunier
Suivi éditorial : L'Atelier Cloro
Annabel Griffin et Anna Norman ont fait valoir leurs
droits moraux en tant qu'auteure et illustratrice de cette œuvre.

Code éditeur : 978-2-38453
Dépôt légal : Mars 2024
Imprimé en Chine

Loi n° 49-956 du 16 juillet 1949 sur les publications destinées à la jeunesse

LES SAISONS

Annabel Griffin
Illustré par Anna Norman

Adapté par Charlie Meunier

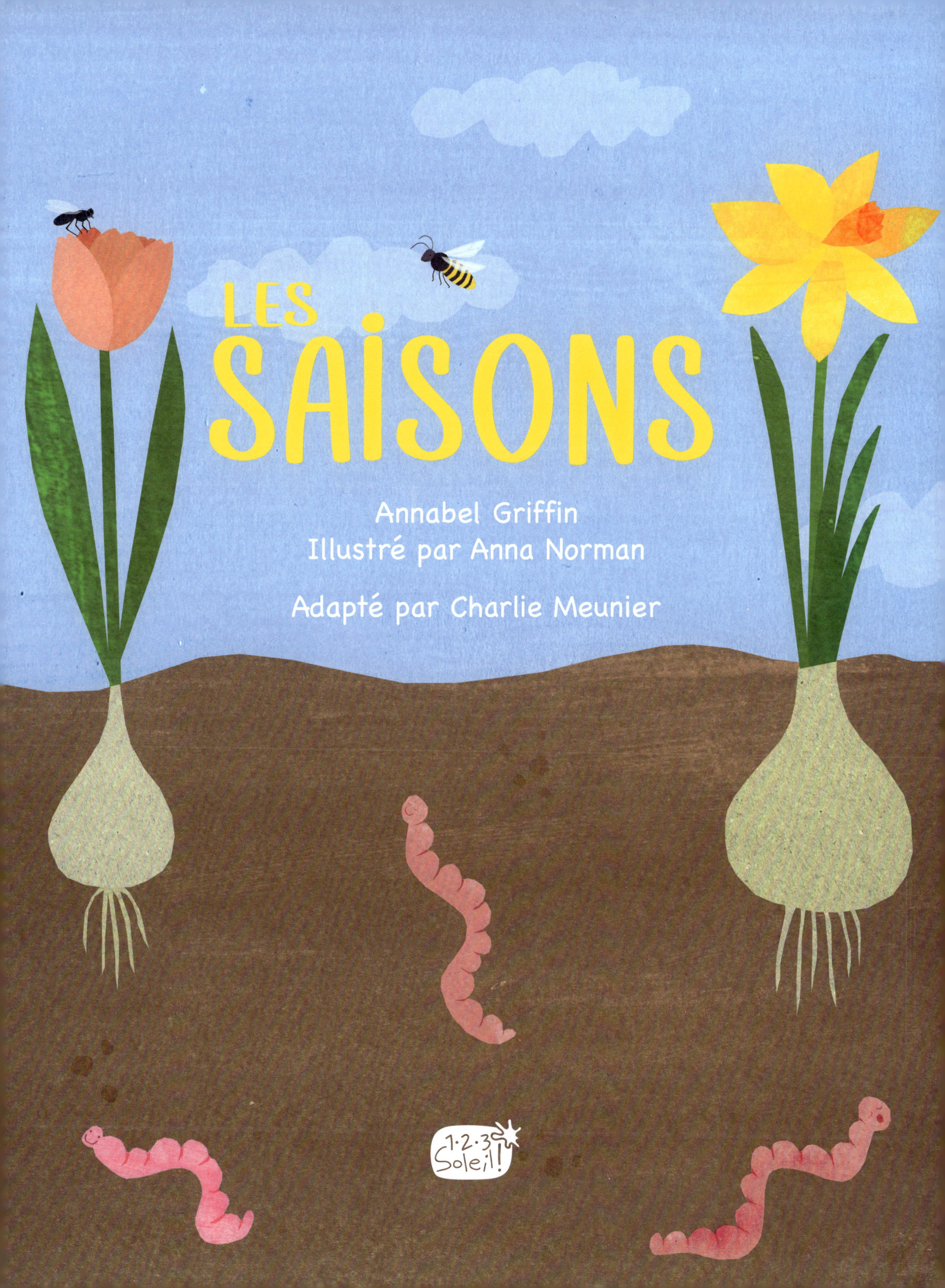

1·2·3 Soleil!

Sommaire

Le printemps

L'été

L'automne

L'hiver

Les quatre saisons

Dans les régions tempérées, on distingue quatre saisons différentes : le printemps, l'été, l'automne et l'hiver.

À quoi reconnaît-on les saisons ?

Chaque saison se caractérise par des météos différentes. D'une saison à l'autre, on observe des changements bien visibles dans la nature.

À quoi ressemblent les saisons ?

Selon l'endroit où on habite sur Terre, les saisons ne se ressemblent pas. Par exemple, certains pays d'Afrique n'ont jamais vu tomber la neige alors que, au nord ou à l'est de l'Europe, il y en a pendant tout l'hiver.

Chaud et froid

La saison la plus chaude, c'est l'été et la plus froide, c'est l'hiver.

Pourquoi y a-t-il des saisons ?

L'inclinaison de la Terre qui tourne autour du Soleil crée l'enchaînement des saisons.

Averses de printemps

Au printemps, le temps change souvent. On passe des giboulées de mars à des journées plus douces dès avril ou mai.

Comment s'habiller ?

Avec imper, bottes et parapluie, on est bien à l'abri !

Plic ! Ploc !

Au printemps, il pleut beaucoup. Et tant mieux, car, pour que la végétation pousse bien, il faut autant de pluie que de soleil.

Un arc-en-ciel

Il pleut et pourtant, le soleil brille ?
Quelle chance, on va admirer
un bel arc-en-ciel !

Pas si chaud que ça !

Au printemps, il peut encore
faire un peu froid ! Mieux vaut
se couvrir quand on sort !

Bourgeons et feuilles

L'hiver, les arbres sont nus. Puis les bourgeons poussent sur les branches et vont devenir des feuilles.

Ça pousse partout !
Les arbres et les buissons sont en pleine floraison.

Quelle odeur délicieuse !
L'air sent bon le parfum des fleurs.

Voilà les jonquilles !
Ce sont les premières fleurs à sortir de terre. Qu'elles sont belles !

Des refuges

Les petits animaux
et les oiseaux s'abritent
dans l'épaisseur du feuillage.

Comment pousse la végétation ?

C'est au printemps qu'on sème les graines qui deviendront des plantes d'ici l'été.

Racines et pousses

Quand on plante une graine, elle enfonce d'abord ses racines dans la terre. Puis surgit une petite pousse qui sort de terre.

Graines qui poussent

Quand la graine commence à devenir plante, on dit qu'elle est en train de **germer**.

Des bulbes précieux !

Les tulipes et les jonquilles, qui poussent à partir de bulbes enracinés dans la terre, sont les premières fleurs qu'on voit au printemps.

Pour bien grandir

Bulbes et graines ont besoin de soleil et d'eau pour donner de belles plantes résistantes.

Dans les arbres

Les oiseaux s'affairent à bâtir les nids où pondre leurs œufs qui écloront en jolis oisillons.

Chansons d'amour

Les oiseaux chantent à pleine gorge pour attirer leur **partenaire.**

Des bâtisseurs exceptionnels

Tout est bon pour se construire un nid : des brindilles, de la mousse, et même des cheveux !

À table !

Les parents oiseaux nourrissent leurs petits, jusqu'au jour où ceux-ci quittent le nid.

Chambre avec vue

Les oiseaux installent leurs nids dans les arbres pour se protéger des **prédateurs.**

LE PRINTEMPS

Vivre dans l'eau

Au printemps, les naissances sont nombreuses dans les mares, les rivières et les lacs.

Cygnes en balade

Les bébés cygnes suivent leur maman ou leur papa.

Chasse aux œufs

Les grenouilles pondent dans les eaux calmes et peu profondes.

Bébés grenouilles

Au bout de dix ou vingt jours, une larve sort de l'œuf : c'est un têtard.

Bébés nageurs

Les canetons apprennent à nager dès leur naissance.

Grands changements

Les têtards perdent leur queue dès qu'ils ont quatre pattes.

Une grenouille !

Quatre mois plus tard, l'œuf est devenu une grenouille.

LE PRINTEMPS

À la ferme

Le printemps est la saison où les animaux de la ferme se reproduisent.

Déjà debout !

Quelques minutes après sa naissance, le veau est capable de marcher !

Famille nombreuse

Une maman lapin peut avoir 12 lapereaux en une seule fois !

Des agneaux très mignons

Une maman mouton, qu'on appelle une brebis, donne naissance à un, deux ou trois agneaux.

Dans le poulailler

La poule couve pendant 21 jours avant que le poussin ne sorte de sa coquille.

Au bord de la mer

L'été est là, le soleil brille ! Quand il fait si beau, quel bonheur d'aller sur la plage !

Tous à l'eau !

L'eau, chauffée par le soleil, est à la bonne température pour se baigner. Elle est aussi… bien salée !

Ne pas oublier son chapeau !

Quand il fait chaud, le soleil tape et il faut toujours se protéger la tête.

Se protéger !

Mettre régulièrement de la crème solaire permet d'éviter les coups de soleil.

Sous le parasol

On fait de beaux châteaux de sable, mais on pense à se mettre à l'ombre et à boire régulièrement.

Dans le verger

L'épais feuillage des arbres donne une ombre fraîche tandis que les fruits profitent du soleil pour mûrir.

Des arbres fruitiers

Dans le verger, on fait pousser des pommiers, des pêchers, des poiriers, des cerisiers… et des petits arbustes : framboisiers, groseilliers…

Les fruits

Les fruits tombent quand ils sont mûrs, les abricots au début de l'été et les pommes plus tard.

Ah qu'il fait bon !

S'installer à l'ombre d'un arbre est très agréable !

Attention !

Il faut toujours demander l'avis d'un adulte avant de manger un fruit ou une baie.

L'ÉTÉ

Les fleurs et les abeilles

C'est grâce à la **pollinisation** que les plantes **se reproduisent.** Sans cette pollinisation, il n'y aurait pas de nouvelles graines.

Ça colle !

Dès qu'une abeille se pose sur une fleur, un peu de **pollen** vient se coller sur son abdomen, prêt à être transporté.

Délicieux nectar

Les fleurs contiennent du **nectar,** un liquide sucré qui attire les abeilles et qu'elles utilisent pour produire le miel.

La ruche du bonheur

Les apiculteurs installent des ruches pour que les abeilles y produisent du miel.

Du bon miel

À l'intérieur de la ruche, les abeilles stockent le miel dans des alvéoles de cire.

L'ÉTÉ

La vie du jardin

Beaucoup de fleurs, de fruits et de légumes poussent durant l'été. Miam, quel régal !

Chaud et sec

S'il fait trop chaud et qu'il ne pleut pas suffisamment, la terre risque de se dessécher.

Arrosage important

Les plantes ont souvent besoin d'un supplément d'eau pour survivre et bien pousser.

Avoir la main verte

S'occuper d'un potager, c'est passionnant mais ça demande beaucoup de travail !

Des visiteurs affamés

Attention ! Il n'y a pas que les humains qui aiment les légumes. Les animaux et les insectes s'en régalent aussi.

L'ÉTÉ

Les petites bêtes

Tout l'été, ça vole et ça bourdonne ! Et si on apprenait à reconnaître ces hôtes de nos jardins ?

Utiles ou pas ?

Si les insectes pollinisateurs sont utiles aux plantes, d'autres peuvent être **nuisibles.**

Belles ailes

Des papillons aux ailes colorées volent de tous côtés.

Petits grignotis

Les limaces, les escargots et les chenilles se régalent des légumes du potager.

Ça chante !

On entend chanter les criquets et les sauterelles mais on les voit rarement.

Bon appétit !

L'été, les animaux profitent d'une nourriture abondante.

C'est quoi, la chaîne alimentaire ?

Tous les animaux participent à une ou plusieurs chaînes alimentaires. Pour survivre, chacun dépend d'une plante ou d'un animal inclus dans la chaîne. En voilà un exemple…

Proie ou prédateur ?

L'animal qui se fait manger par d'autres, c'est une **proie.** L'animal qui dévore d'autres animaux, c'est un **prédateur.**

3. L'**oiseau de proie** dévore le petit oiseau.

Au sommet de la chaîne

L'oiseau de proie est au sommet de la chaîne alimentaire car lui, il ne se fait manger par personne.

L'AUTOMNE

Le vent forcit

À l'automne, il fait plus frais et les jours raccourcissent.

Emportées par le vent

La nature se lance dans une nouvelle saison : les feuilles tombent et virevoltent dans le vent.

Bourrasques à l'horizon

Fini le beau soleil, pluie et vent font leur apparition.

Bien se couvrir

On ressort les vêtements chauds.

Jouer avec son ombre

Les jours sont de plus en plus courts mais les ombres, elles, s'allongent parce que le soleil monte moins haut dans le ciel.

Une nouvelle ambiance

L'automne amène de grands bouleversements dans la nature. Qu'arrive-t-il donc aux arbres ?

Couleurs flamboyantes

Les feuilles passent du vert au rouge, à l'orange, au jaune et puis au brun.

Explosion de couleurs !

Si les feuilles perdent leur couleur verte, c'est parce que l'ensoleillement et les températures baissent. Elles ne peuvent plus fabriquer de nourriture pour l'arbre.

Et c'est la chute !

Les feuilles se dessèchent
et le vent d'automne
les fait tomber.

Se protéger du froid

Un petit bouchon se forme à la base des feuilles
pour empêcher la sève de couler.

Faire des réserves

Dépouillé de ses feuilles, l'arbre concentre toutes ses forces sur ses branches et son tronc.

La nature n'arrête jamais

Les plantes fabriquent déjà de nouvelles graines pour **se reproduire** au printemps.

La dispersion des graines

Pour que les plantes prospèrent et se répandent, il faut que leurs graines s'envolent.

Au gré du vent

Si certaines graines sont dispersées par le vent…

… d'autres circulent grâce aux animaux.

Fruits à coque

Noisette, noix, amande… sont des fruits dont la graine est enfermée dans une coquille bien dure.

Le repos des insectes

Plus le froid augmente,
moins les insectes sont actifs.
Ils cherchent à se mettre
à l'abri avant l'hiver.

Au revoir, mouches et moustiques !

On voit de moins en moins d'insectes voler alentour.

Se protéger du froid

Certains insectes s'installent dans les fissures des fenêtres et des portes pour être au chaud.

Hôtel à insectes

Les insectes apprécient les tas de bois. Pourquoi ne pas leur en laisser un dehors ?

Et les escargots ?

Les escargots, comme les limaces, aiment se cacher dans des endroits humides, sous un tas de feuilles ou au fond d'un pot.

À tire-d'aile

À l'automne, beaucoup d'oiseaux font de longs voyages pour se rendre dans des régions plus chaudes. Ce sont des oiseaux **migrateurs.**

Très haut dans le ciel

L'oie à tête barrée franchit les hauts sommets de l'**Himalaya,** pour passer du centre au sud de l'Asie.

Oiseau sédentaire

Les rouges-gorges, eux, ne migrent pas, ils vivent en Europe toute l'année.

Un long voyage

La sterne arctique détient le record de la **migration annuelle.** Au cours de la même année, elle va du pôle Nord au pôle Sud, puis repart dans l'autre sens !

Du nord au sud

Le colibri brun-rouge part de l'Alaska et du nord-ouest du Canada, et traverse les États-Unis pour atteindre le Mexique.

Au fond des bois

Dans les forêts, les animaux se préparent à passer l'hiver.

Il est temps de se gaver !

Certains animaux, comme les renards et les ours, se mettent à manger beaucoup. Ils cherchent à stocker la graisse pour l'hiver, quand la nourriture se fera plus rare.

Un pelage protecteur

Le pelage de certains animaux s'épaissit pour leur tenir bien chaud.

La saison des amours

En automne,
les mâles se battent
avec leurs grands bois
pour conquérir
les femelles
et pouvoir s'accoupler.

Un trésor bien enfoui

Les écureuils font des réserves
de glands et de noisettes pour l'hiver.
Mais ils oublient souvent
où ils les ont cachées !

Ça sent l'hiver !

L'hiver nous surprend souvent ...
On se réveille un matin et la pelouse est couverte de givre !

Les grands froids

En Europe, plus on vit au nord, plus les hivers sont rigoureux.

C'est quoi, le givre ?

Ce sont de petites gouttes de rosée qui ont gelé sur place, par exemple sur ces plantes.

Ça gèle dur

Parfois, s'il fait vraiment froid, les étangs et les mares peuvent geler.

L'eau devient glace

Lorsque la température atteint 0° Celsius, l'eau se transforme en **glace.**

Attention !

Il ne faut jamais marcher sur une mare gelée sans y avoir été autorisé. La glace, trop mince, peut céder !

Jours de neige

Quel bonheur de jouer dans la neige ! On a le choix : faire une bataille de boules de neige, de la luge, un bonhomme de neige...

D'où vient la neige ?

Quand les cristaux de **glace** pèsent trop lourd, ils se détachent des nuages et tombent sous forme de flocons de neige.

Se protéger du froid

Si on veut rester dehors à jouer dans la neige, il faut s'habiller chaudement !

Un flocon de neige

Les flocons ont tous des formes différentes. Chaque flocon est donc **unique.**

Manteau de neige

Tant qu'il fait suffisamment froid, la neige ne fond pas. Dans certaines régions, elle tient jusqu'au printemps.

L'HIVER

Des branches nues

Quand l'hiver est là, la plupart des arbres ont perdu toutes leurs feuilles.

Des feuilles caduques

Les branches d'un arbre à feuilles caduques sont nues en hiver !

Au ralenti

On pourrait croire l'arbre mort mais en fait, il se repose. La sève circule au ralenti jusqu'au printemps.

Pas d'inquiétude !

Dès le début du printemps,
quand la température se réchauffe,
les arbres à feuilles caduques
voient leurs branches
se couvrir de bourgeons.

Feuillage persistant

Les conifères ont un feuillage persistant.
Ils ne perdent pas leurs épines
et restent verts toute l'année.

L'HIVER

La nuit tombe tôt

En hiver, le soleil se couche bien avant nous et il fait encore nuit quand on se lève !

Solstice d'hiver

C'est le jour le plus court de l'année... ou la nuit la plus longue ! À partir du solstice, la lumière augmente un peu tous les jours.

La nuit polaire

Dans les **régions polaires,** la nuit dure presque toute la journée ! Et cela pendant près de 6 mois !

Une maison bien douillette

Pendant l'hiver, il faut chauffer la maison si on ne veut pas avoir froid à l'intérieur.

Économiser l'énergie

L'énergie est précieuse. Alors, pour l'économiser, on s'habille plus chaudement et on éteint la lumière quand on quitte une pièce.

Les oiseaux ont faim

Quand il fait froid et que la neige recouvre le sol, les oiseaux trouvent difficilement de quoi se nourrir.

Des graines

Les plantes sont en sommeil et ne produisent plus de graines.

De l'eau

Quand les flaques, les mares et les lacs gèlent, les oiseaux n'ont plus rien à boire.

Le nourrissage

Quand le sol est gelé ou couvert de neige, nous pouvons aider les oiseaux en leur donnant de quoi boire et de quoi manger.

Un vrai festin

Des boules de graisse, des graines, des cacahuètes (sans sel !) et certains fruits, c'est la fête des oiseaux au jardin !

Une longue sieste

Certains animaux, comme les ours et les chauves-souris, **hibernent** pendant tout l'hiver.

Un gros dodo

L'hibernation, c'est quand un animal s'enfonce dans un profond sommeil qui va durer tout l'hiver.

Pourquoi dormir autant ?

C'est la nourriture qui donne de l'énergie. Alors, quand il n'y a plus grand-chose à manger, certains animaux **hibernent** pour économiser leur énergie.

Rester groupés

Les abeilles, pour se tenir chaud, se collent les unes aux autres dans leurs ruches.

Manger et dormir

Les écureuils n'hibernent pas. Ils dorment beaucoup mais sortent régulièrement trouver de quoi manger.

J'observe les saisons !

À chaque saison, ses découvertes !
Et si, à chaque changement de saison, tu comparais cette page avec ce que tu vois autour de toi ?

AU PRINTEMPS

EN ÉTÉ

EN AUTOMNE

EN HIVER

Je dessine les saisons

D'un bout à l'autre de la Terre, les saisons se suivent et ne se ressemblent pas. À ton tour de dessiner ce que toi, tu vois chez toi au fil des saisons !

GLOSSAIRE

Énergie
Le gaz ou l'électricité que nous utilisons pour produire de la chaleur, de la lumière ou pour alimenter des objets électriques, sont des sources d'énergie.

Germer
Quand une graine commence à devenir une plante.

Glace
De l'eau gelée... mais aussi un délicieux dessert sucré !

Hibernation
Le moment où un animal s'enfonce dans un profond sommeil qui dure à peu près tout l'hiver.

Himalaya
Une très grande chaîne de montagnes située en Asie. On y retrouve certains des plus hauts sommets de la terre, dont l'Everest (8 849 m).

Migration
Les animaux migrateurs se déplacent d'un bout à l'autre de la Terre, toujours à la même période de l'année, généralement pour trouver ce dont ils ont impérativement besoin : nourriture, chaleur et lieu de reproduction.

Nectar
Un liquide chargé en sucre produit par de nombreuses plantes afin d'attirer les insectes. C'est grâce au nectar, entre autres, que les abeilles font du miel.

Nuisibles
Ce sont les animaux qui causent des problèmes aux humains (par exemple, en mangeant ou en détruisant certaines plantes).

Oiseau de proie
On appelle ainsi les oiseaux qui se nourrissent principalement d'autres animaux.

Partenaire
Un couple d'animaux, dont l'objectif est de se reproduire, est composé de deux partenaires : un mâle et une femelle.

Pollen
Le pollen est une poudre fine qu'on trouve dans de nombreuses plantes et fleurs.

Pollinisation
La pollinisation, indispensable à la production de nouvelles graines, se passe souvent par l'intermédiaire d'insectes qui transportent le pollen d'une plante à l'autre.

Prédateurs
Les prédateurs sont des animaux qui se nourrissent en chassant et en tuant d'autres animaux.

Proie
Un animal qui est chassé par d'autres animaux parce qu'il est bon à manger (voir Oiseau de proie).

Régions polaires
Ce sont des territoires autour des pôles Nord et Sud de la Terre. La zone autour du pôle Nord, c'est l'Arctique. Celle autour du pôle Sud, c'est l'Antarctique.

Se reproduire
On dit qu'un animal se reproduit quand il fait des petits. On le dit aussi des plantes qui poussent à partir de graines.

Unique
Si quelque chose est unique, c'est qu'il n'en existe pas deux pareils !

À propos de l'autrice

Annabel Griffin vit en Cornouailles, une région de Grande-Bretagne. Elle écrit des livres pour la jeunesse très centrés sur la nature et la vie animale. Elle a déjà plusieurs collections à son actif. Quand elle ne travaille pas, Annabel aime dessiner, faire des randonnées et jardiner. Quoi qu'elle fasse, elle garde toujours un bon livre à portée de main !

À propos de l'illustratrice

Diplômée de l'École d'Art de Cambridge, Anna Norman est particulièrement inspirée par la beauté et la diversité de la nature. Elle aime créer des illustrations audacieuses, où on sent bien le mouvement...